About

I am a multimedia artist who hails from the UK. I work in drawing, video animation and film making, with parallels between contemporary work and the theories and practices of Constructivism, Surrealism, Expressionism and Futurism.

My degree was in Fine Art (Digital New Media, Contemporary Art History, Curatorship) at Lancaster University, First-Class Honours. Since graduating in July 2012 my work has been exhibited in selected group and solo shows and published in national and international art magazines and websites, including the Aesthetica Art Prize 2012, and the 100 Contemporary Artists 2013 Anthology, Jerwood Drawing Prize 2013 and screening at the 20th IDFF Off Cinema Film Festival, Poznan and the Grand Off World Independent Film Awards, Warsaw, Poland.

I am now pursuing a long-term journey of a flaneur documenting architecture in the former Eastern Bloc – the group of socialist states of Central and Eastern Europe. To date I have visited the following countries: Belarus, Bulgaria, Czech Republic, Germany, Hungary, Latvia, Lithuania, Poland, Slovakia and Ukraine. I am seldom interested in the ideology or social concepts that often associates these buildings with a totalitarian regime. Instead, creating a multimedia archive of the buildings, which currently have little or no documentation, are set to be demolished or remain abandoned. As part of my ongoing exploration I often stay with locals in residential areas of cities as a means to understand the communities that surround the architecture and the nature of decay. I hope to highlight the importance of protecting structures, such as communal living, recreation, aviation, industrialisation, urban planning and communication.

This book brings together my exploration in the former Eastern Bloc and ultimately has brought me to Russia in 2021 where my cultural and architectural fascination and adventure continues.

© JORDAN L RODGERS 2021 ALL RIGHTS RESERVED, DO NOT USE.

Обо мне

Я мультимедийный художник из Великобритании. Я работаю в сфере искусства, видео, анимации и создания фильмов и провожу параллели между современной работой и теориями и практиками конструктивизма, сюрреализма, экспрессионизма и футуризма.

Я получил диплом с отличием в области изобразительного искусства (новые цифровые средства массовой информации, история современного искусства, кураторство) в Ланкастерском университете. После выпуска в июле 2012 года мои работы были выставлены на групповых и персональных экспозициях и опубликованы в национальных и международных художественных журналах и на веб-сайтах, в том числе таких, как: Aesthetica Art Prize 2012, 100 Contemporary Artists 2013 Anthology, Jerwood Drawing Prize 2013, 20-ый фестиваль фильмов IDFF Off Cinema Познань и Grand Off World Independent Film Awards Варшава, Польша.

Сейчас я продолжаю свое путешествие фланера, документирующего архитектуру бывшего Восточного блока – группы социалистических государств Центральной и Восточной Европы. На сегодняшний день я побывал в следующих странах: Республика Беларусь, Болгария, Чехия, Германия, Венгрия, Латвия, Литва, Польша, Словакия и Украина. Мой интерес редко вызывают идеология или же социальные концепции, которые существовали во времена постройки данной архитектуры и которые связывают данные строения с тоталитарным режимом. Вместо этого я создаю мультимедийный архив зданий, которые в настоящее время практически не имеют документации, подлежат сносу или же являются заброшенными. В рамках моих постоянных исследований я часто взаимодействую с местными жителями, проживающих в данных городах, чтобы понять сообщества, которые окружают архитектуру и природу распада. Я надеюсь, подчеркнуть важность защиты структур таких, как общественная жизнь, отдых, авиация, индустриализация, городское планирования и коммуникации.

Данная книга, объединившая все мои исследования, касающиеся бывшего Восточного блока, в конечном итоге привела меня в Россию в 2021 году, где мои культурные и архитектурные приключения продолжаются.

SELECTED SOLO EXHIBITION
2020, Śląsk węglem szkicowany, Szyb Maciej, Zabrze, Poland
2019, Drawing: Katowice, International Congress Center (MCK), Katowice, Poland
2017, iPad Drawing: Architektura Bloku Wschodniego, Fundacja New Era Art Gallery, Krakow, Poland
2014, Drawing: Liverpool, Clove Hitch Gallery, Liverpool
2013, New Babylon, Nancy Victor Gallery, London

SELECTED GROUP EXHIBITION
2017, GEOFILMFESTIVAL and EXPOCINEMA, Padova, Italy
2016, Grand Off World Independent Film Awards, Warsaw, Poland
2016, IndieWise Virtual Festival, Miami, Florida
2016, Second Asia International (Wenzhou) Youth Micro-Film Exhibition, Ministry of Culture of The People's Republic of China
2016, Festiwal Popularyzatorów Filmowych Bytom Film Festiwal, Poland
2016, In/Out Video & Film Festival: Ethics Attention & Intention, Moore College of Art, Philadelphia, Pennsylvania
2016, Take a look into Nowa Huta (Zajrzyj do Huty), ARTzona Museum of History of Nowa Huta, Krakow, Poland
2016, 20th IDFF Off Cinema Film Festival, Poznań, Poland
2016, Ekofilm Festival, Nowogard, Poland
2016, Wildlife Vaasa Festival-International Nature Film Festival, Vaasa, Finland
2016, The Quarantine Film Festival, Varna, Bulgaria
2016, TimeLine Film Festival 2016, Italy
2016, Goldensun Short Film Festival, Malta
2016, EsX Film Festival, Novi Sad, Serbia
2016, Pocket Cinema Film Festival, Pakistan American Cultural Centre, Asia
2016, Emerge Film Festival, Auburn, ME
2015, International Green Culture Festival, Belgrade, Serbia
2015, Environment Art Speaks Out, Istanbul Modern Museum, Turkey, Istanbul
2015, Visionaria22 International Film Festival 2015, Italy, Siena
2015, Innsbruck Nature Film Festival 2015, Austria
2015, Bogotá Experimental Film Festival / CineAutopsia, Spain
2015, Handle Climate Change Film Festival 2015, Shenzhen, China
2015, Tassie eco Film Fest, Hobart, Tasmania
2015, Frame By Sound, Apple Store Soho, New York, NY
2015, Electric Open Art 2015, Electric Picture House, Cheshire
2015, Disaster Is My Muse, Venice Arts Gallery, Los Angeles
2015, Athens Animation Festival 2015, Athens
2015, ProxyACT International Short Film Festival, London
2015, Festival Parachute Light Zero Act II, Paris
2014, 6th Cairo Video Festival 2014, Medrar, Cairo
2014, How Many?, PatchWork, Local Creation, Altrincham
2014, Home, Bridewell Studios & Gallery, Liverpool
2014, Exploring Boundaries, neo:gallery 22, Bolton
2014, Live.Art.Liverpool, MetQuarter, Liverpool
2014, Encounters Journeys & Discoveries, BAR Gallery, London
2014, Digital, Unframed, LLC, New Mexico
2013, Bideodromo 2013 Film Festival, Bilbao
2013, Altrincham Arts Festival, Altrincham

2013, University of Liverpool, Histories Languages and Cultures Gallery academic year 2013/14
2013, Bees Make Honey Creative Community, Memories of the Future in Pictures, Nottingham
2013, Jerwood Drawing Prize 2013, Jerwood Space, London
2013, Canned International Film Festival, Cheshire
2013, Place/Non-Place: Locality in the Digital Age, Venice Arts Gallery, Los Angeles
2013, Possible Impossibilities, Liverpool Art Month, Bridewell Studios & Gallery, Liverpool
2013, Fresh Meat Gallery Open 2013 in collaboration with Cornflake, London
2013, Aesthetica Art Prize Exhibition 2013, York St Marys, York
2013, Art In Mind Downtown, The Brick Lane Gallery, London
2013, Affordable Art Exhibition Vol.6, Vibe Gallery, London
2013, Open Call Exhibition, Madelainartz Gallery, Liverpool
2012, Maidstone Film Festival, Stepping Stone Studios, Kent
2012, Open Call Exhibition, Fallout Factory 97, Liverpool
2012, Lancaster University Fine Art Degree Show, We Were Here, Peter Scott Gallery, Lancaster

EDUCATION
2009 - 2012, BA Hons Fine Art (Digital New Media, Contemporary Art History, Curatorship), Lancaster University, First-Class

INTERNSHIP
2014, Digital Artist/ Animator, Hope Street Ltd Emerging Artist Programme 2014

PRIZES
2015, Short-list, Innsbruck Nature Film Festival 2015
2013, Short-list, Jerwood Drawing Prize 2013
2012, Long-list, Aesthetica Art Prize 2012, and the 100 Contemporary Artists 2013 Anthology

TV WORK DOCUMENTARY
TVP info, Poland and Lithuania
Śląska tea o'clock, 13.09.2020

THEATRE
2014, Control 25, FACT, Liverpool
2014, This Must Be The Place, Constellations, Liverpool
2014, Race Against Time, thebluecoat, Liverpool
2014, Spring Heeled Jack, Everton Park, Everton
2014, Sense and Sustainability, thebluecoat, Liverpool

iPAD DRAWING WORKSHOPS
2014, iPad Art Class: Cityscapes at Apple Store, Covent Garden, London
2013, Jerwood Drawing Prize: The Big Draw, London
2013, Making Tracks Workshop Performance, Rich Mix Shoreditch, London
2013, Tea With An Architect: Love Architecture Festival, Liverpool

CHARITY WORK
Crohn's and Colitis UK, Davis Family YMCA for arts & humanities, Kidney Research UK, Macmillan Cancer Care, the Prince's Trust, the Trafford and South Manchester - Mobile Artistic Mental Health and Wellbeing Service

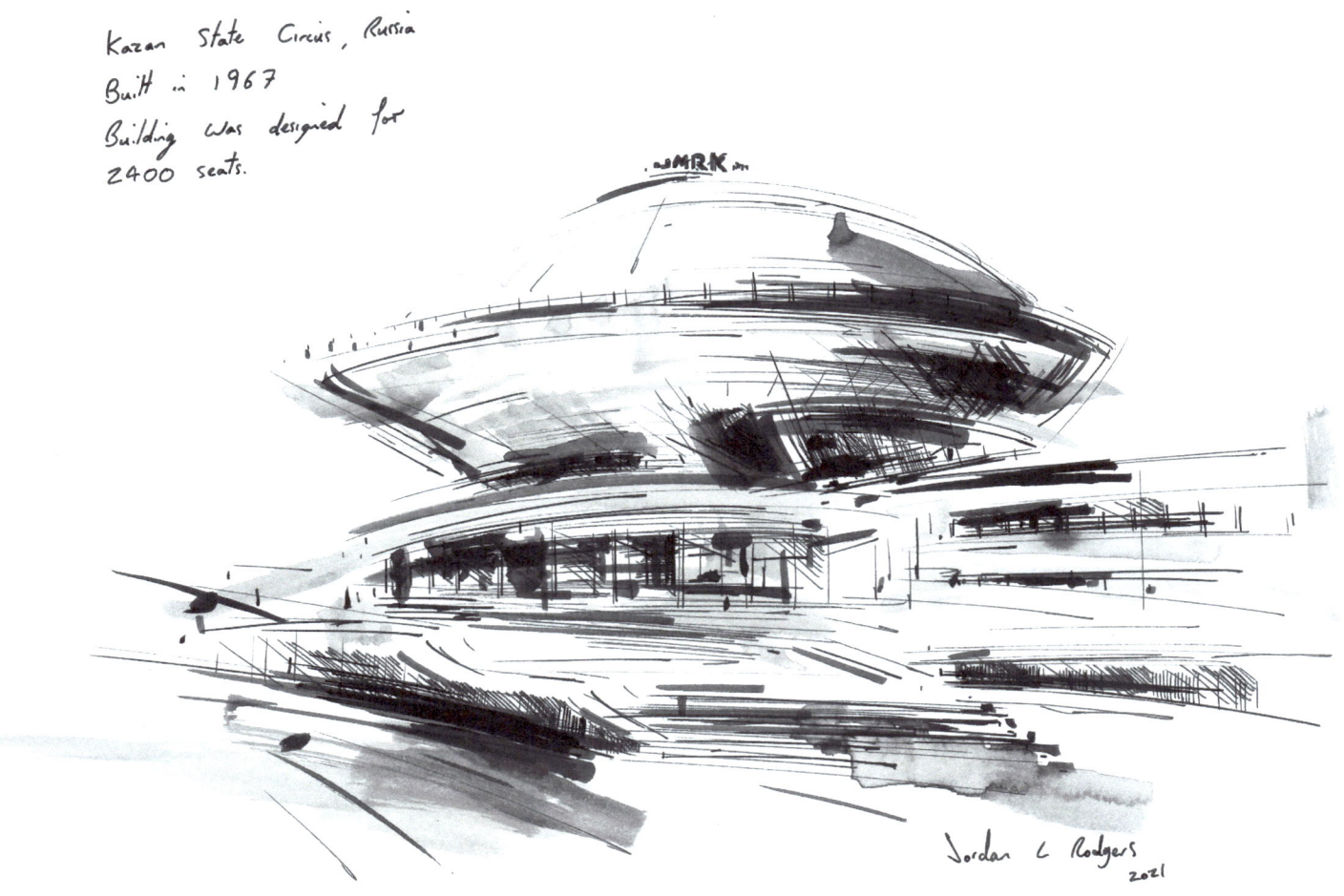

Kazan State Circus, Russia

Built in 1967
The building was designed to hold 2400 seats.

Казанский государственный цирк, Россия
Построен в 1967 г.
Зрительный зал был рассчитан на 2400 посадочных мест.

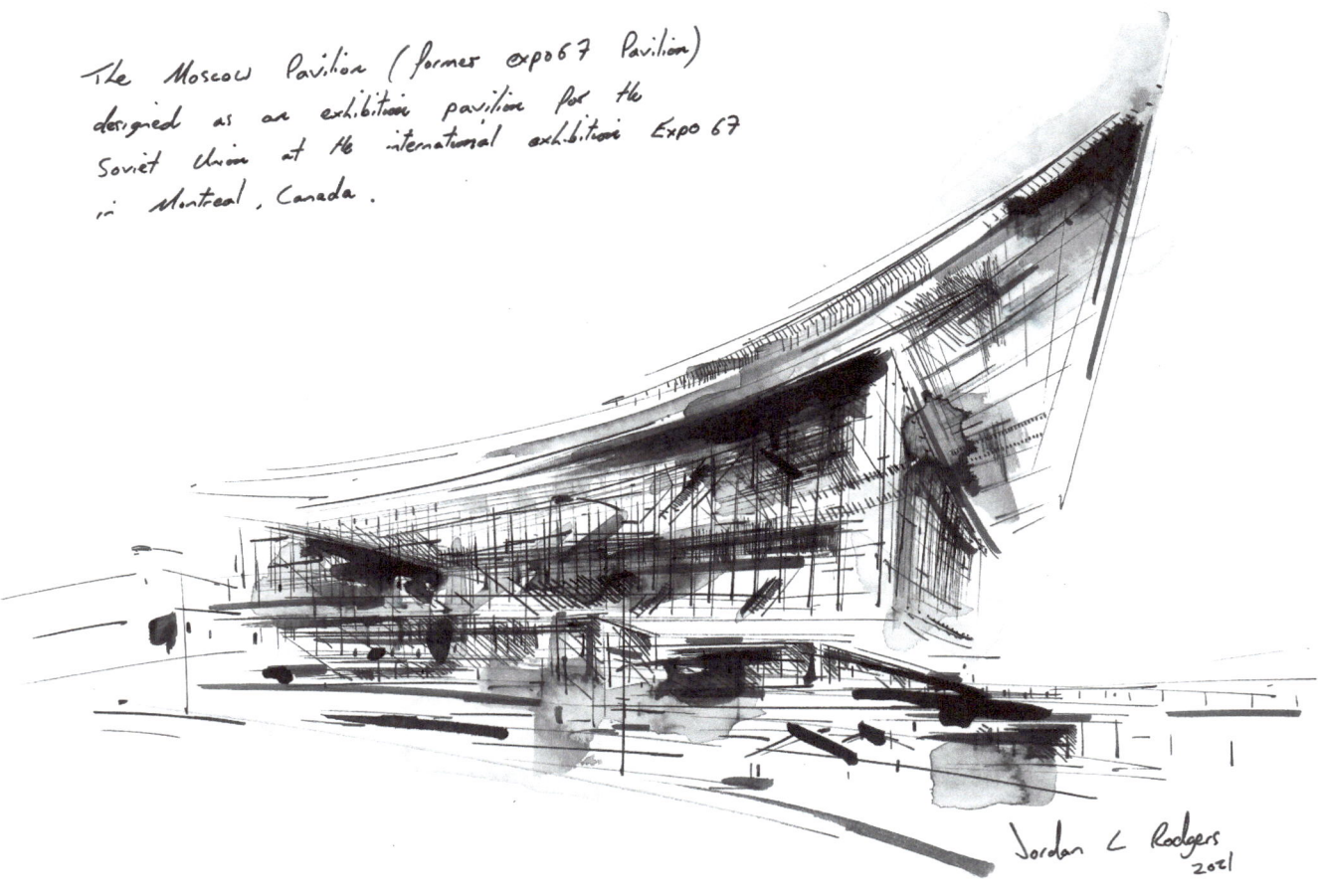

The Moscow Pavilion

(former expo67 Pavilion) designed as an exhibition pavilion for the Soviet Union at the international exhibition expo67 in Montreal, Canada.

Советский павильон (бывший павильон на выставке «Экспо-67»)

Строение было спроектировано, как выставочный павильон Советского Союза на международной выставке «Экспо-67» в Монреале, Канада.

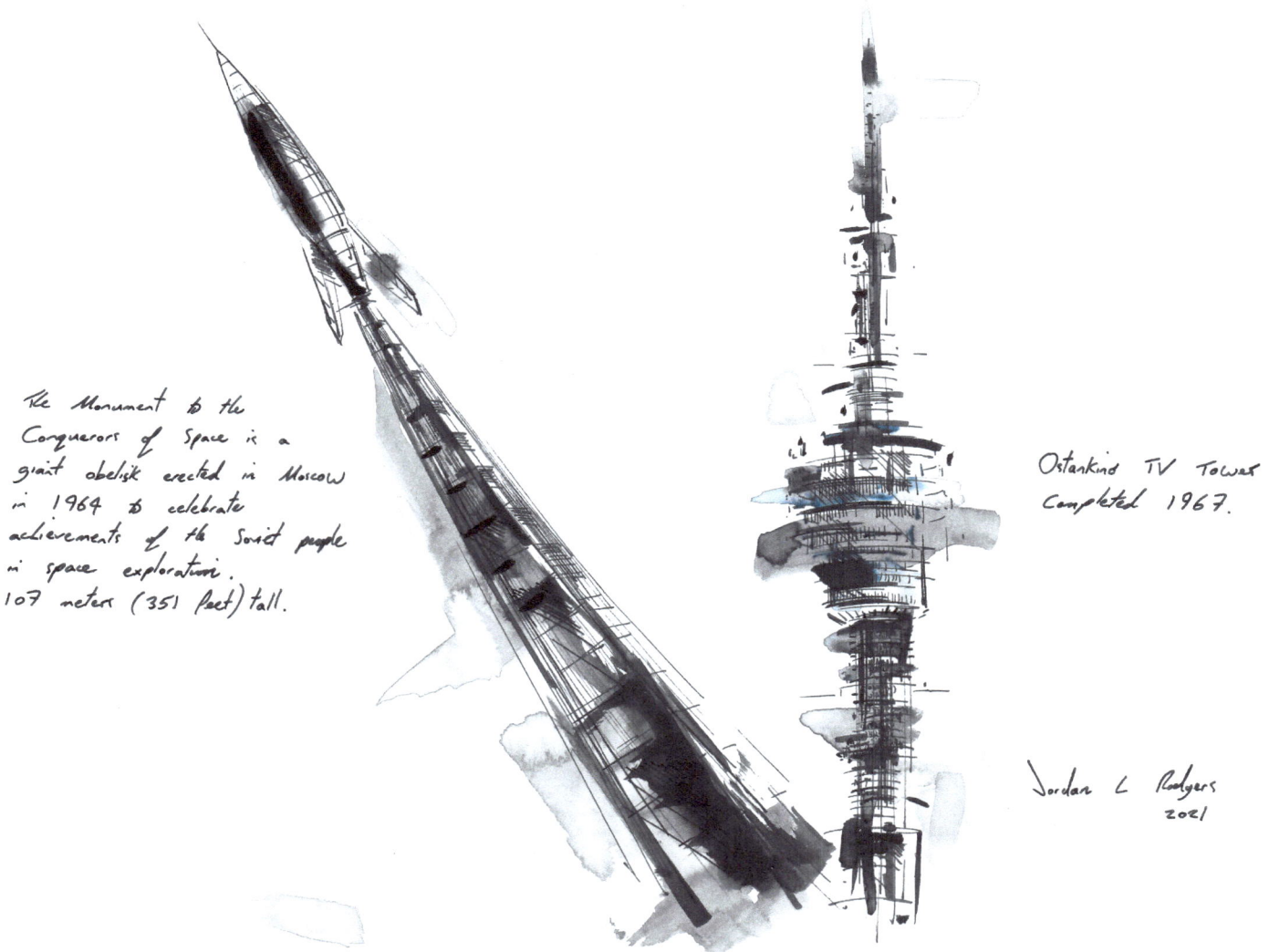

The Monument to the Conquerors of Space

Is a giant obelisk erected in Moscow in 1964 to celebrate achievements of the Soviet people in space exploration. 107 meters (351 feet) tall.

Монумент «Покорителям космоса»
Гигантский обелиск, воздвигнутый в Москве в 1964 году в честь достижений советских людей в области освоения космоса.
Высота: 107 метров (351 фут).

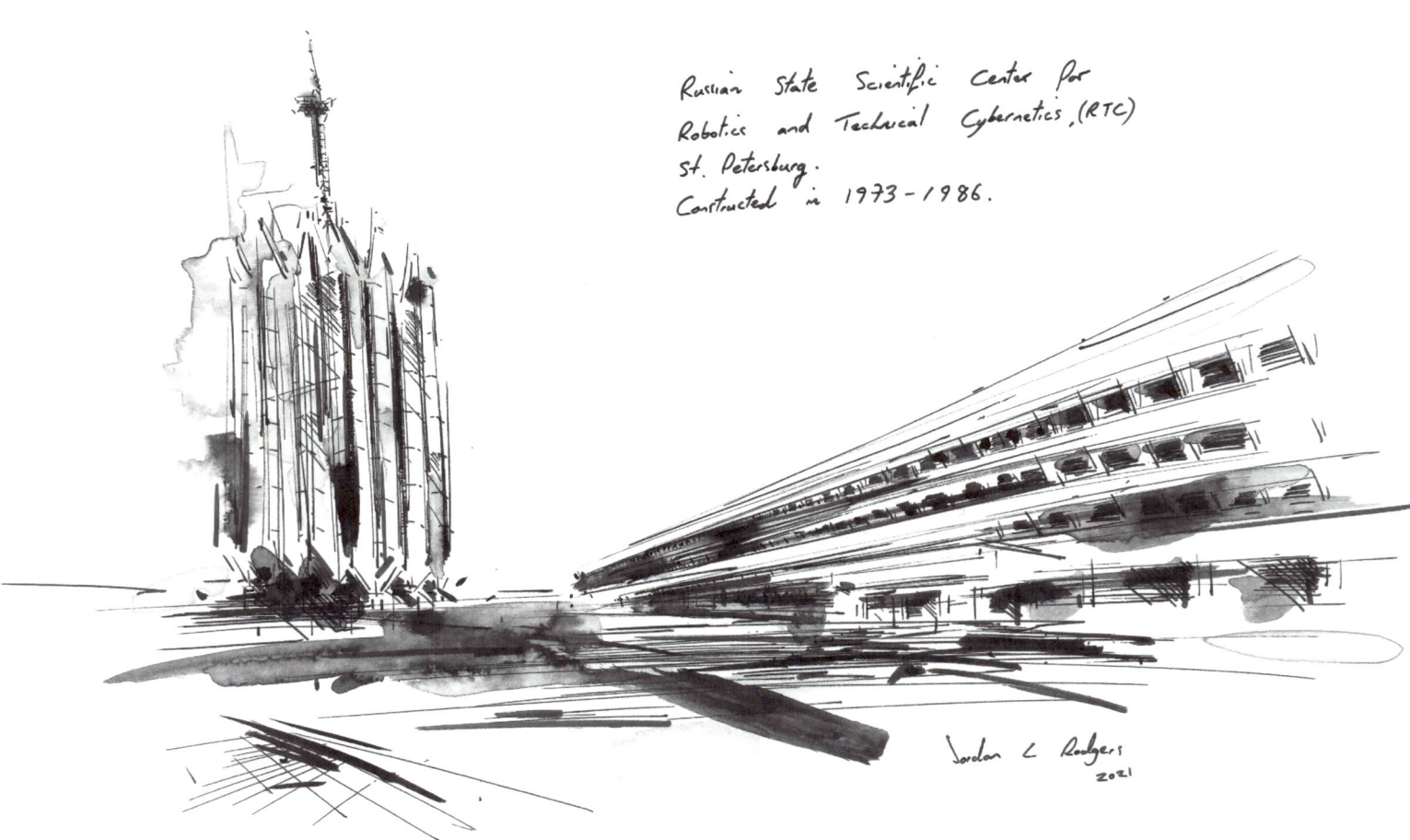

Russian State Scientific Centre for Robotics and Technical Cybernetics

(RTC) St. Petersburg
Constructed in 1973 – 1986.

Государственный научный центр России ЦНИИ робототехники и технической кибернетики (ЦНИИ РТК) в Санкт-Петербурге
Строительство: 1973-1986 гг.

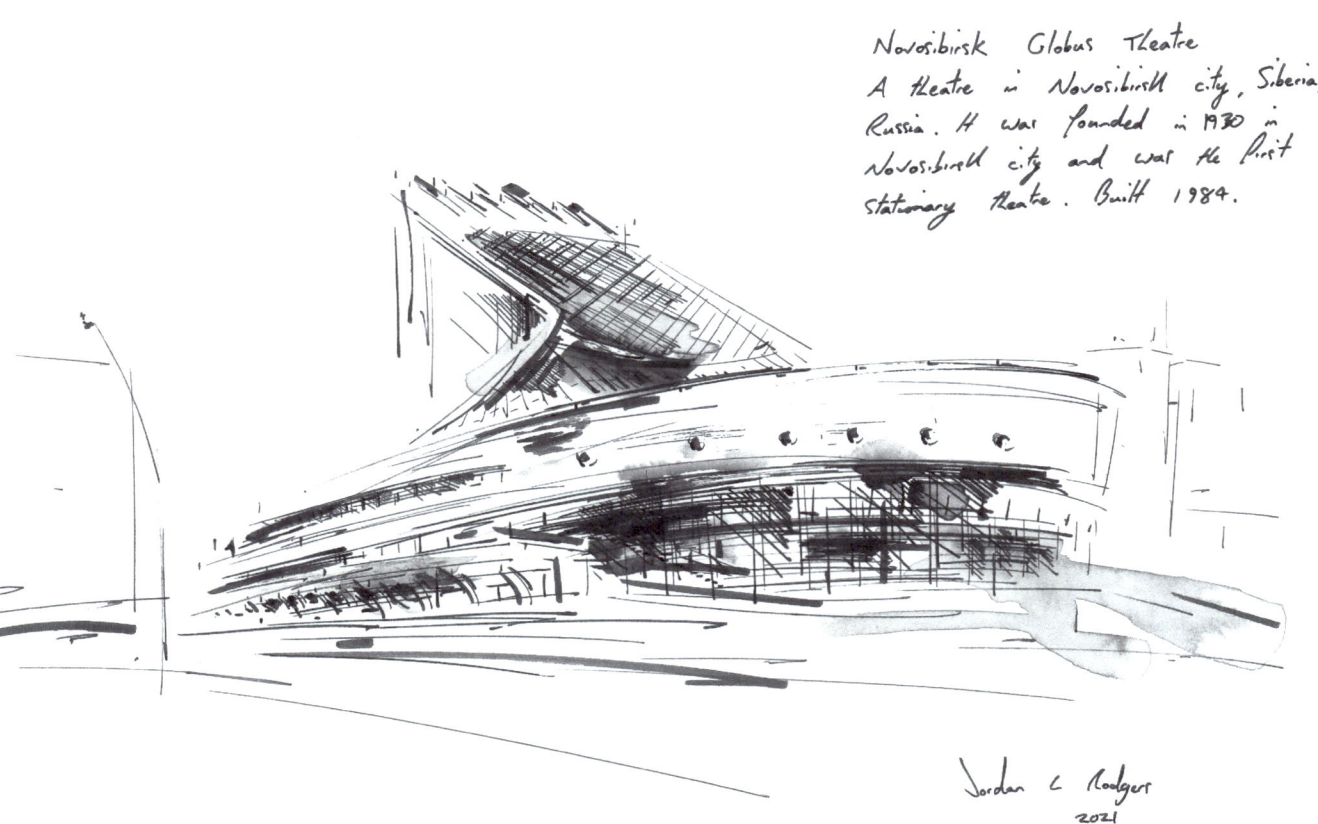

Novosibirsk Globus Theatre

A theatre in Novosibirsk city, Siberia, Russia. It was founded in 1930 in Novosibirsk city and was the first Stationary theatre. Built in 1984.

Новосибирский академический молодежный театр «Глобус»
Театр находится в городе Новосибирск, Сибирь, Россия.
Он был основан в 1930 году и стал первым стационарным театром Новосибирска.
Построен в 1984 г.

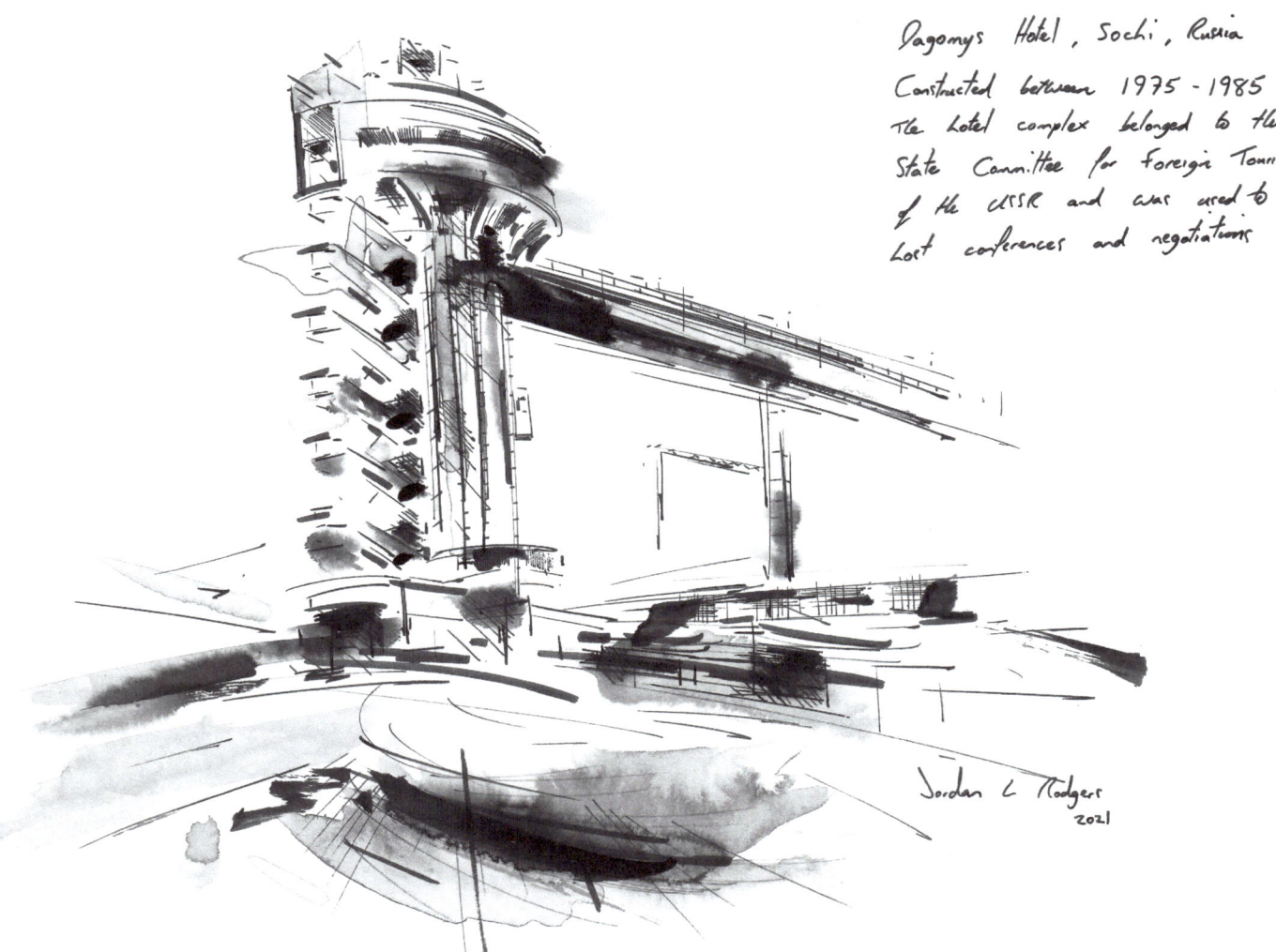

Dagomys Hotel, Sochi, Russia

Constructed between 1975 – 1985 the hotel complex belonged to the State Committee for Foreign Tourism of the USSR and is used to host conferences and negotiations.

Гостиница «Дагомыс», Сочи, Россия
Строительство: 1975-1985 гг.
Гостиничный комплекс принадлежал Государственному комитету СССР по иностранному туризму (Госкоминтурист) и использовался для проведения конференций и переговоров.

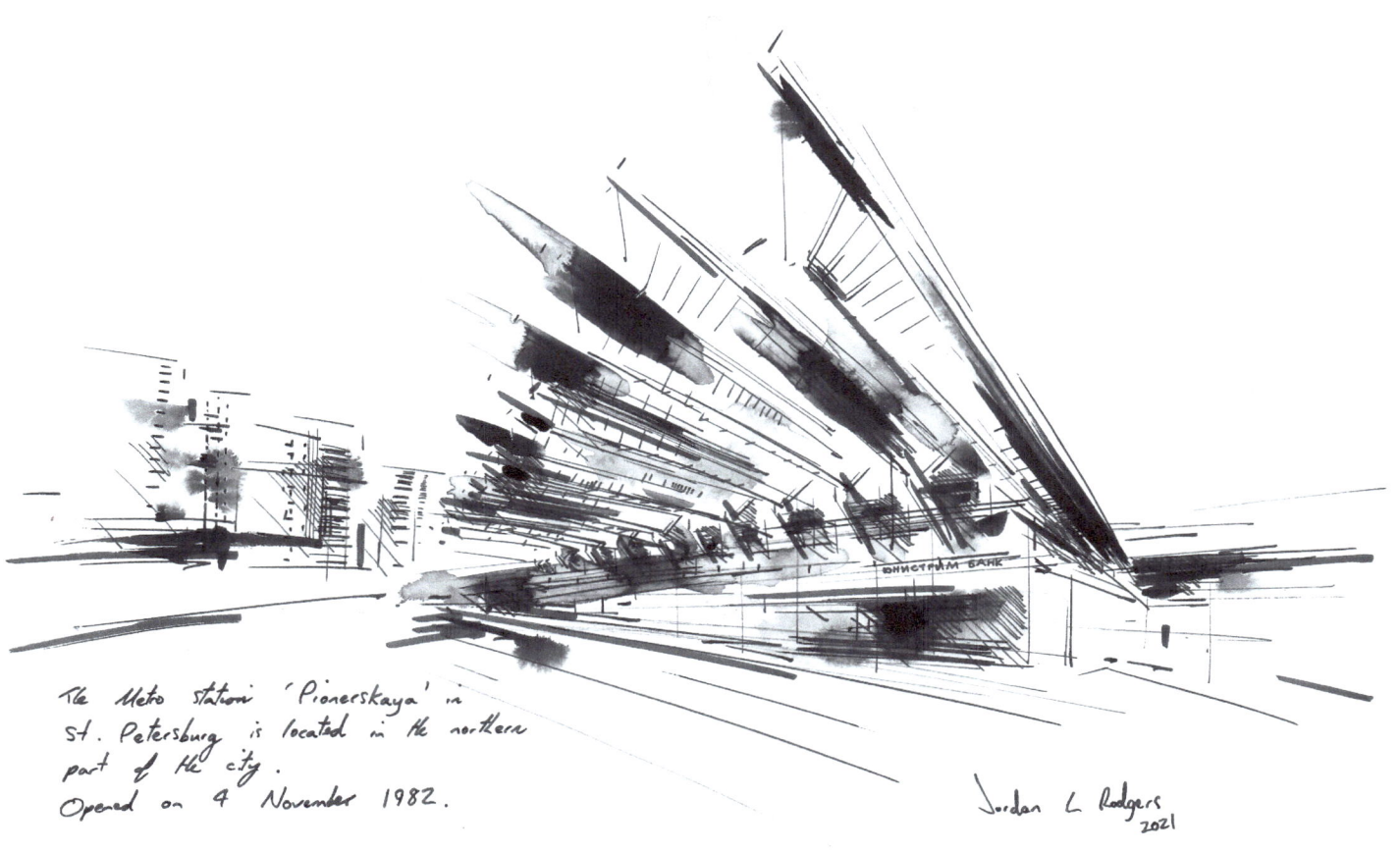

The Metro Station 'Pionerskaya'

St. Petersburg
It is located in the northern part of the city.
Opened on 4th November 1982.

Павильон метро «Пионерская», Санкт-Петербург
Павильон расположен в северной части города.
Дата открытия: 4 ноября 1982 г.

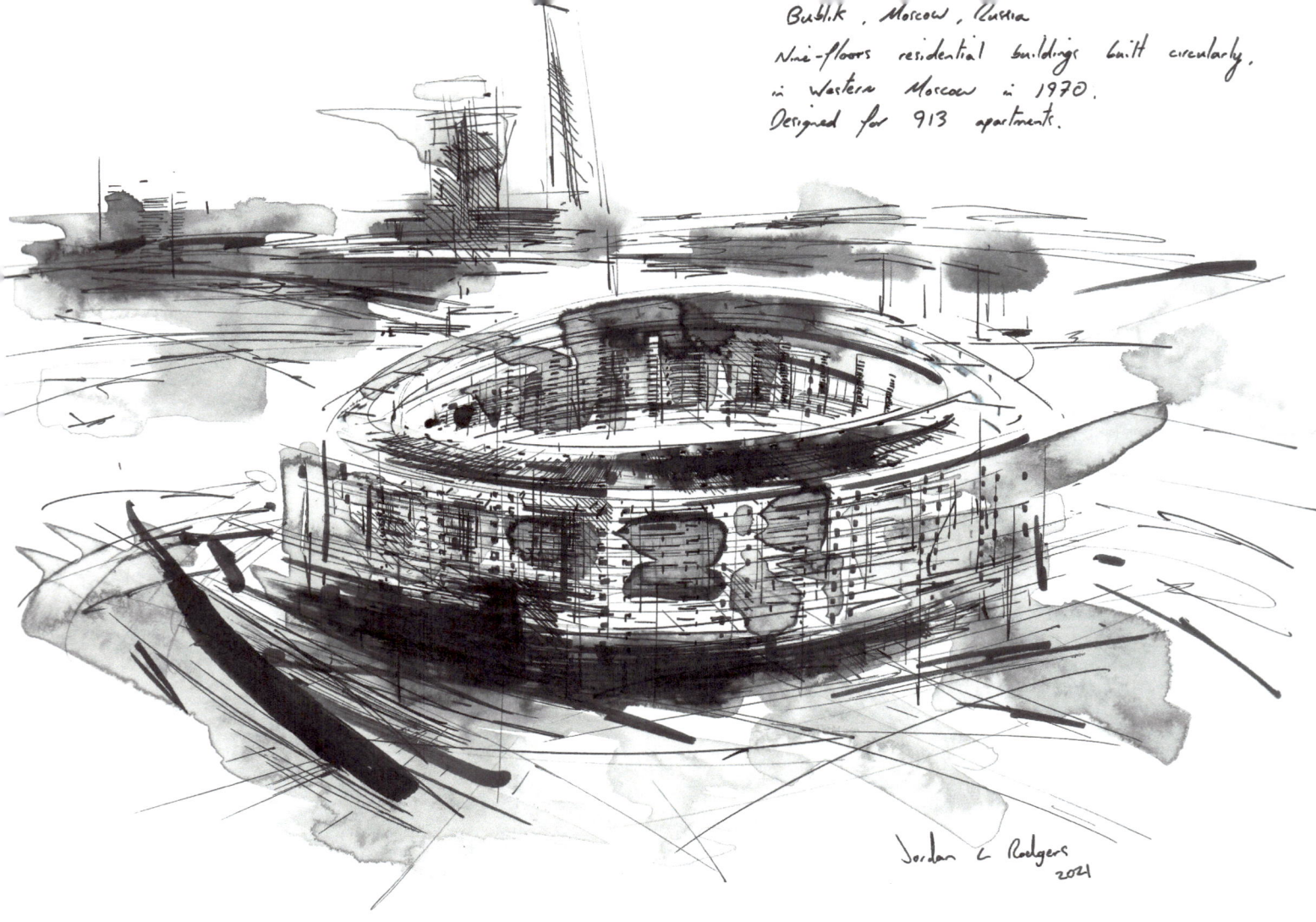

Bublik, Moscow, Russia

Nine-floors residential buildings built circularly. In Western Moscow, built in 1970. Designed for 913 apartments.

«Бублик», Москва, Россия
Девятиэтажные жилые дома круговой застройки
Построены на западе Москвы в 1970 году.
Здание вмещает 913 квартир.

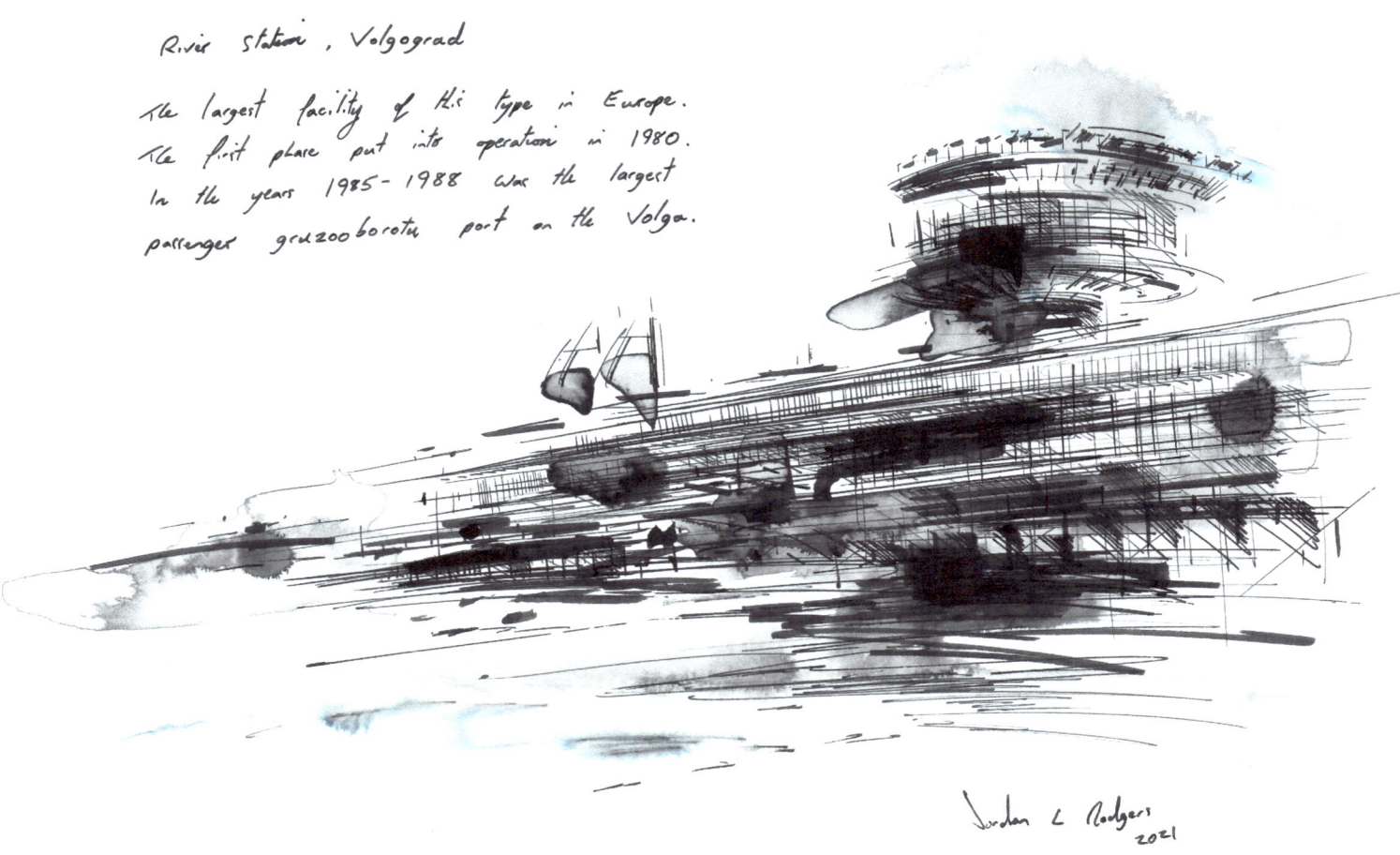

River Station, Volgograd

The largest facility of this type in Europe. The first phase was put into operation in 1980. In the years 1985 – 1988 it was the largest passenger gruzooborotu port on the Volga.

Речной вокзал, Волгоград
Самый крупный объект подобного типа в Европе.
Первая очередь вокзала была введена в эксплуатацию в 1980 году.
Это был крупнейший пассажирский грузовой порт на Волге в 1985-1988 годах.

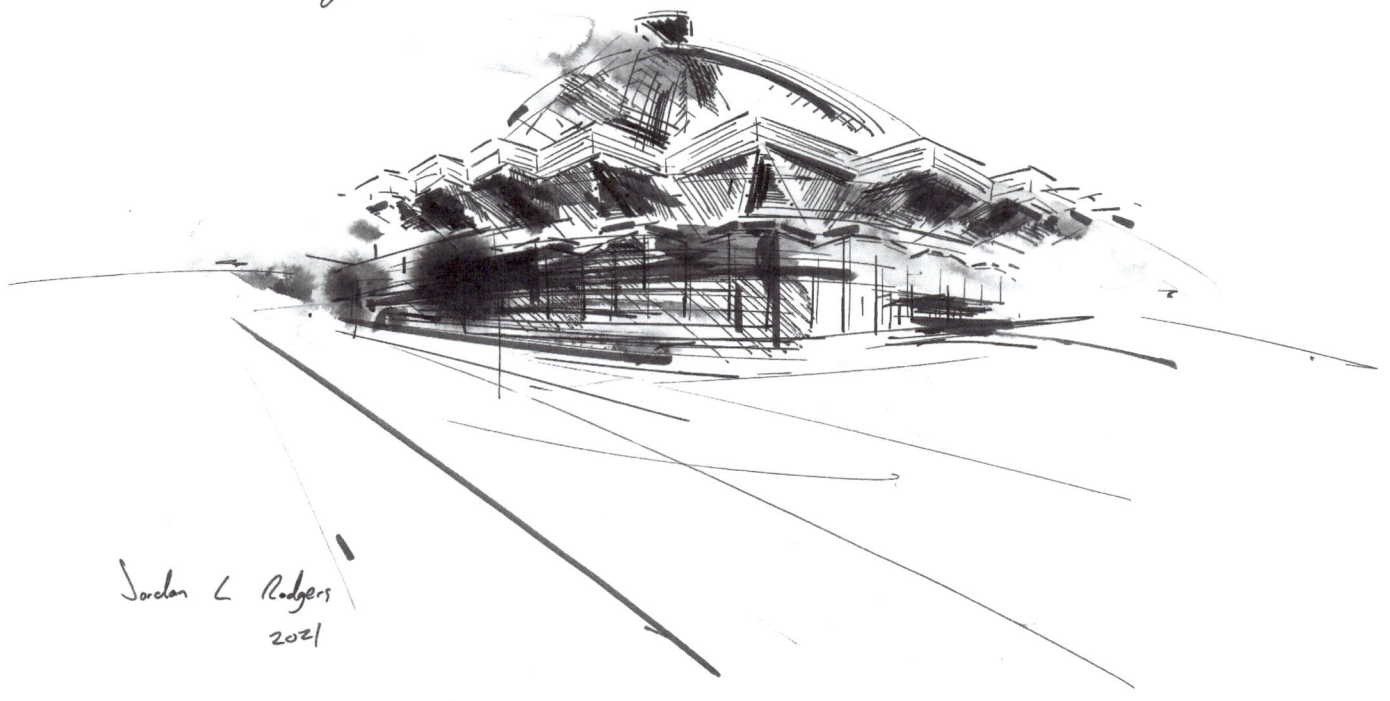

Bolshoi Circus, Moscow

This huge circus holds 3400 spectators. The company includes hundreds of performers – acrobats, even animals (bears, sea lions and monkeys). Opened its doors on April 30, 1971.

Большой цирк, Москва
Огромный зрительный зал цирка вмещает 3400 зрителей.
В состав труппы входят сотни артистов: акробаты, даже животные (медведи, морские львы и обезьяны). Цирк открыл свои двери 30 апреля 1971 года.

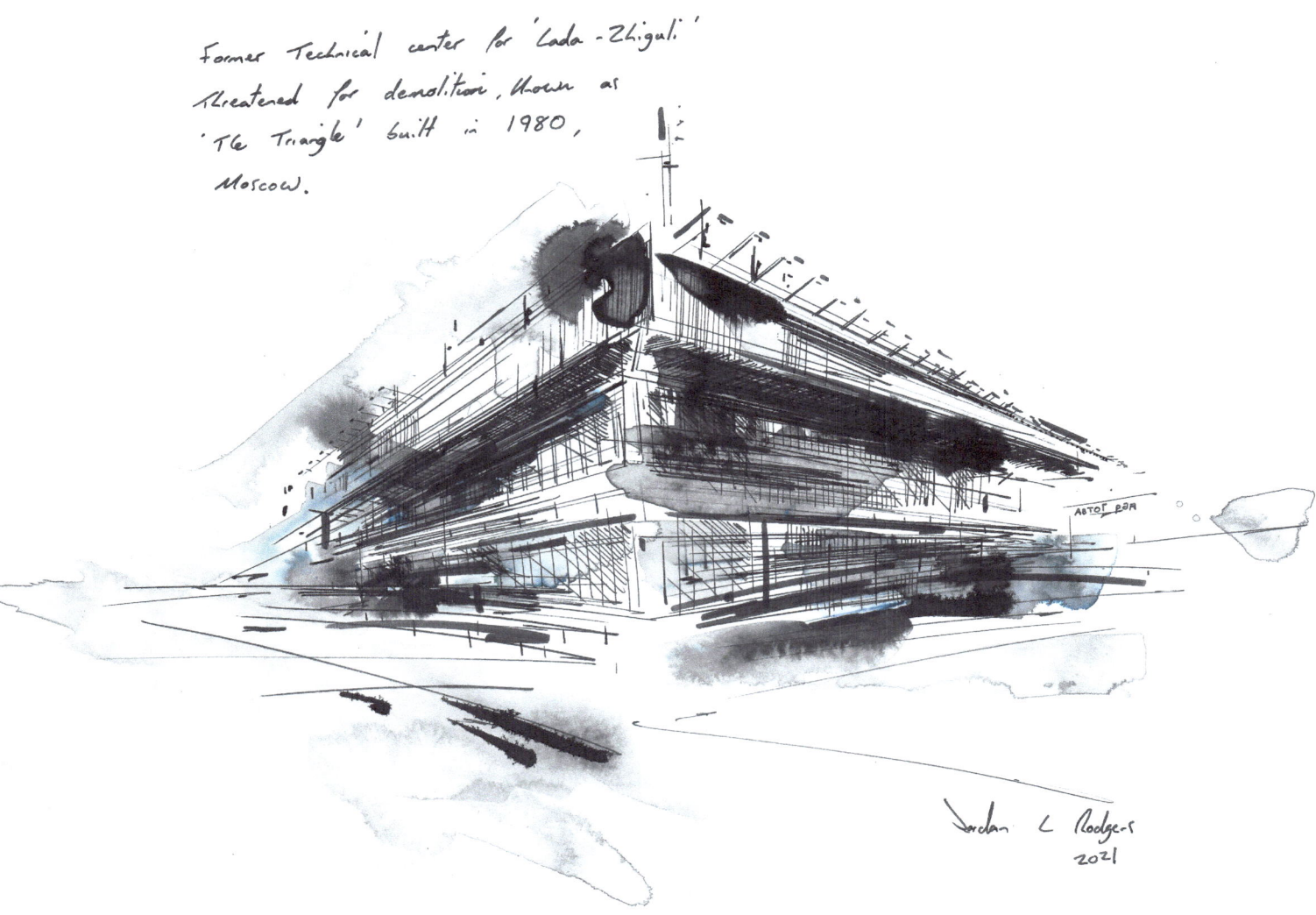

Former Technical centre for 'Lada – Zhiguli'

Threatened for demolition, known as 'The Triangle' built in 1980, Moscow.

Бывший технический центр «Лада-Жигули»
Здание известное, как «Треугольник», находится под угрозой сноса. Построен в 1980 году в Москве.

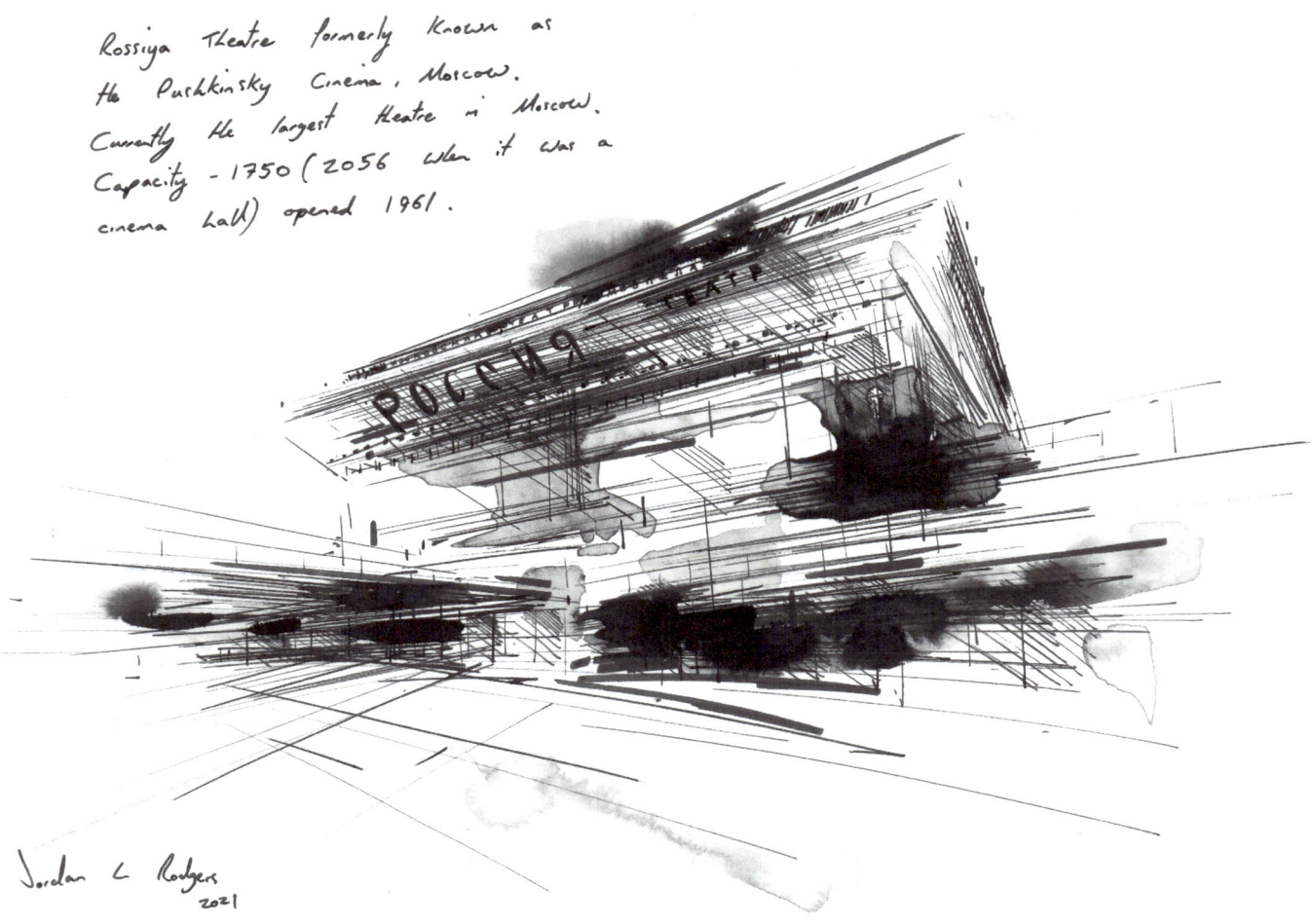

Rossiya Theatre

Formerly known as the Pushkinsky Cinema, Moscow.
Currently the largest theatre in Moscow. Capacity of 1750 (2056 when it was a cinema hall) opened 1961.

Театр «Россия», Москва.
Ранее известный как кинотеатр «Пушкинский».
В настоящее время является крупнейшим театром Москвы.
Театр вмещает 1750 зрителей (2056, когда это был кинозал).
Был открыт в 1961 году.

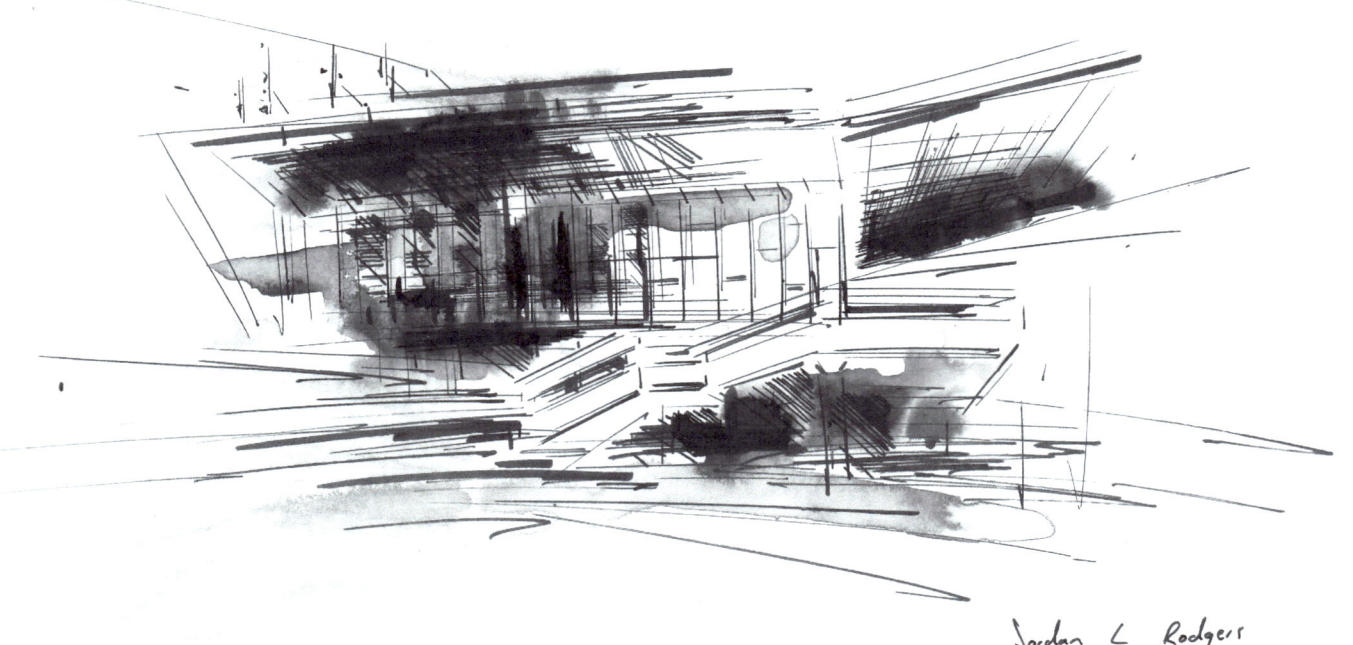

Cinema and theatre 'Saturn'

By E. Stepanova, M. Bubnov, K. Lazarev, I. Semeykina and V. Nemirovskiy.
In 1969 – 1972
Togliatti, Russia.

Кинотеатр «Сатурн», Тольятти, Россия
Архитекторы: Е. Степанова, М. Бубнов, К. Лазарев, И. Семейкина, В. Немировский.
Строительство: 1969-1972 гг.

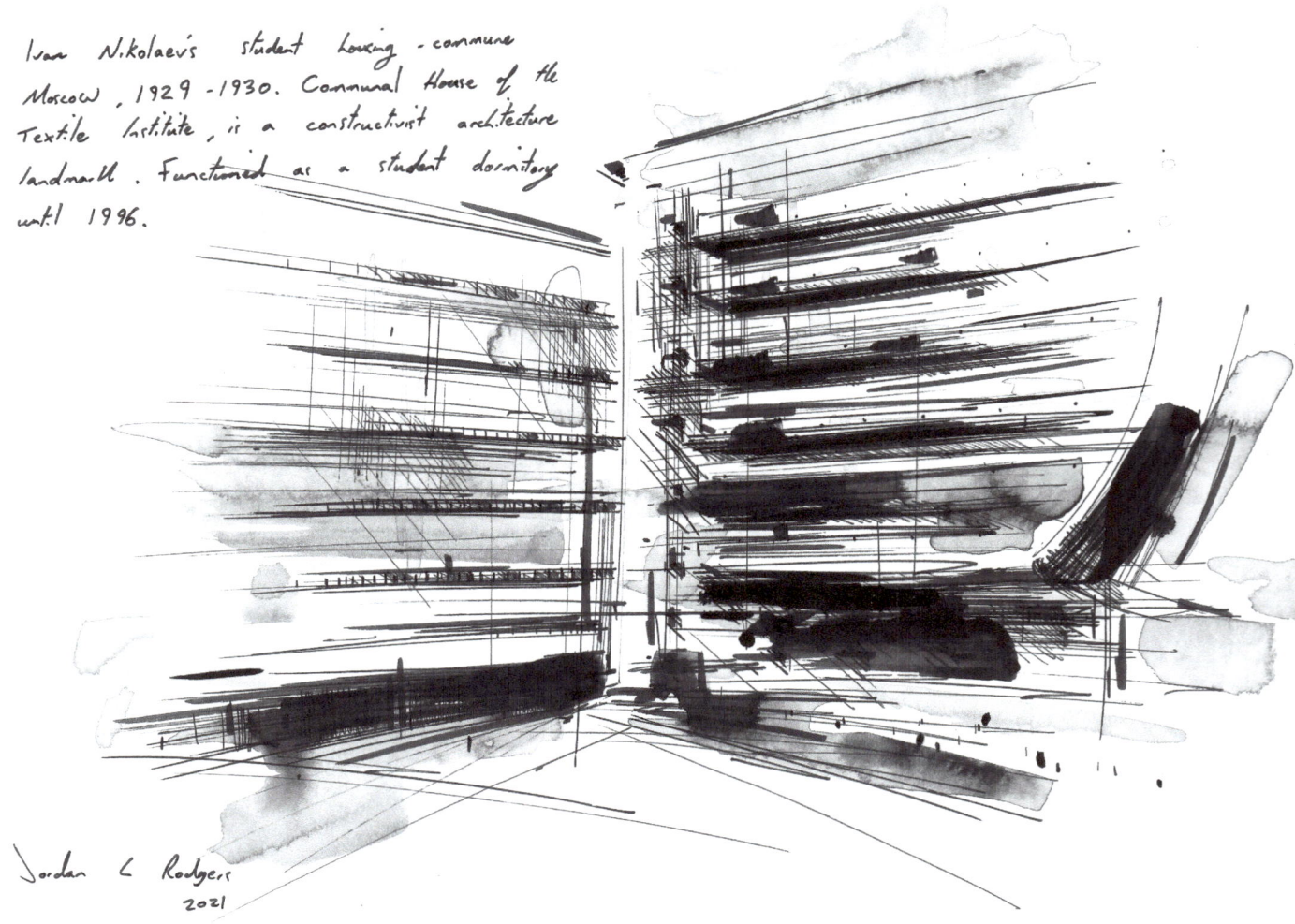

Ivan Nikolaev's student housing commune, Moscow

1929 – 1930. Communal house of the Textile Institute, is a constructivist architecture landmark. Functioned as a student dormitory until 1996.

Дом-коммуна на улице Орджоникидзе Ивана Николаева, Москва
Строительство: 1929-1930 гг.
Коммунальный дом Текстильного института – памятник конструктивисткой архитектуры,
До 1996 года функционировал как студенческое общежитие.

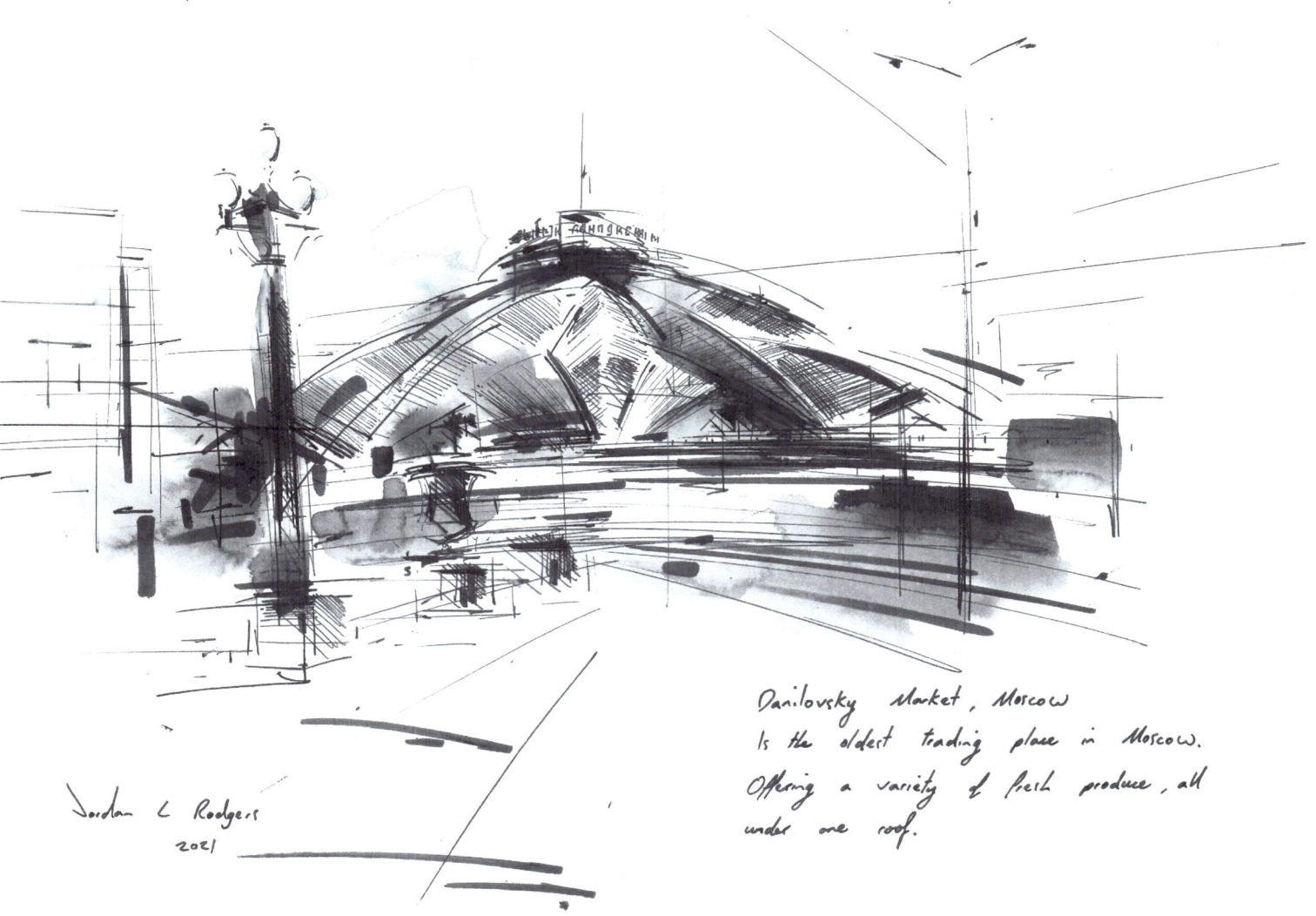

Danilovsky Market, Moscow

Is the oldest trading place in Moscow. Offering a variety of fresh produce, all under one roof.

Даниловский рынок, Москва
Рынок является старейшей торговой площадкой Москвы.
Торгово-развлекательный комплекс предлагает широкий выбор свежих продуктов под одной крышей.

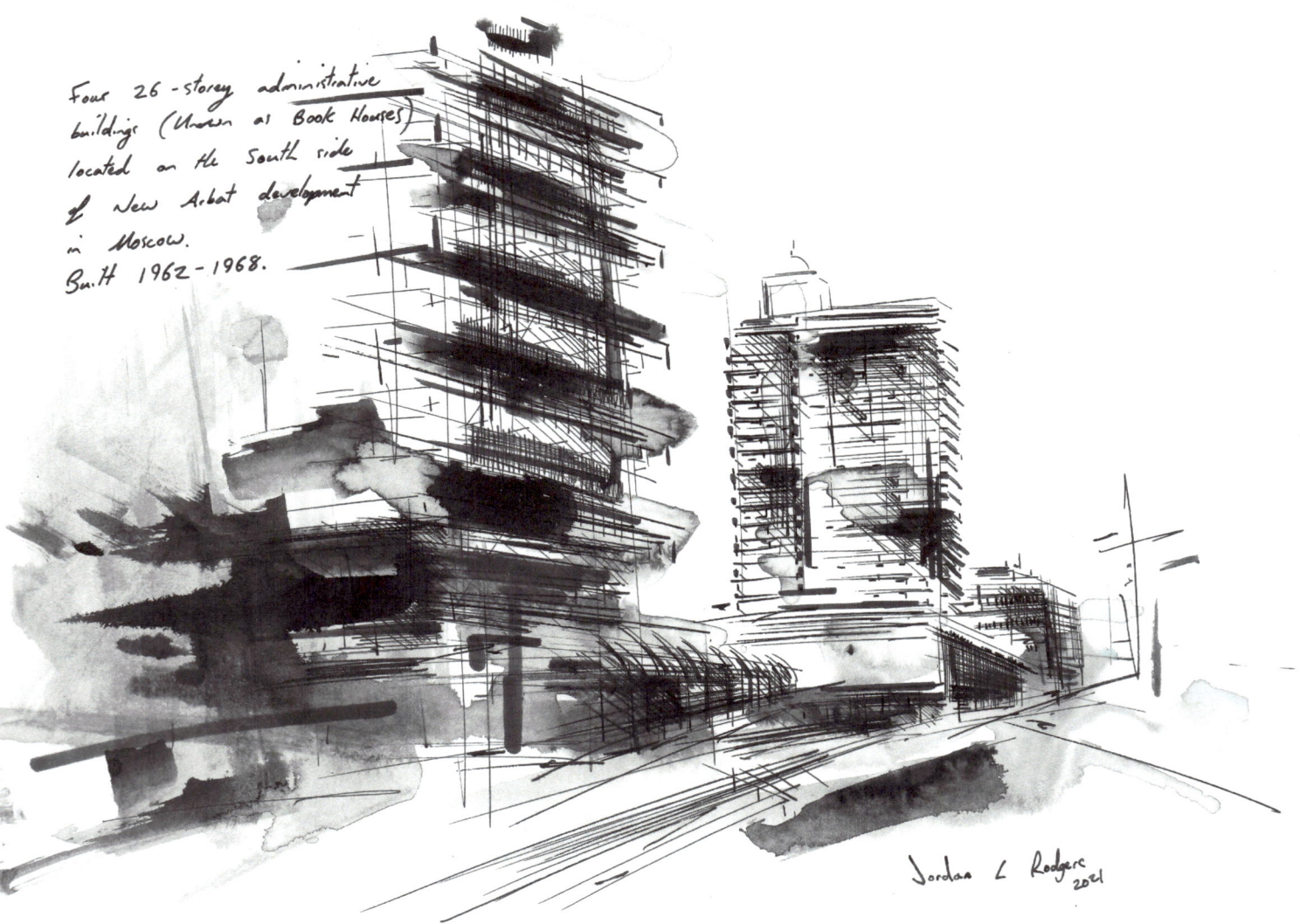

Four 26 – story administrative buildings (Book Houses)

Located on the South side of New Arbat development in Moscow.
Built 1962 – 1968.

Четыре 26-этажных административных зданий (книжные дома)
Расположены на южной стороне Нового Арбата в Москве.
Строительство: 1962-1968 гг.

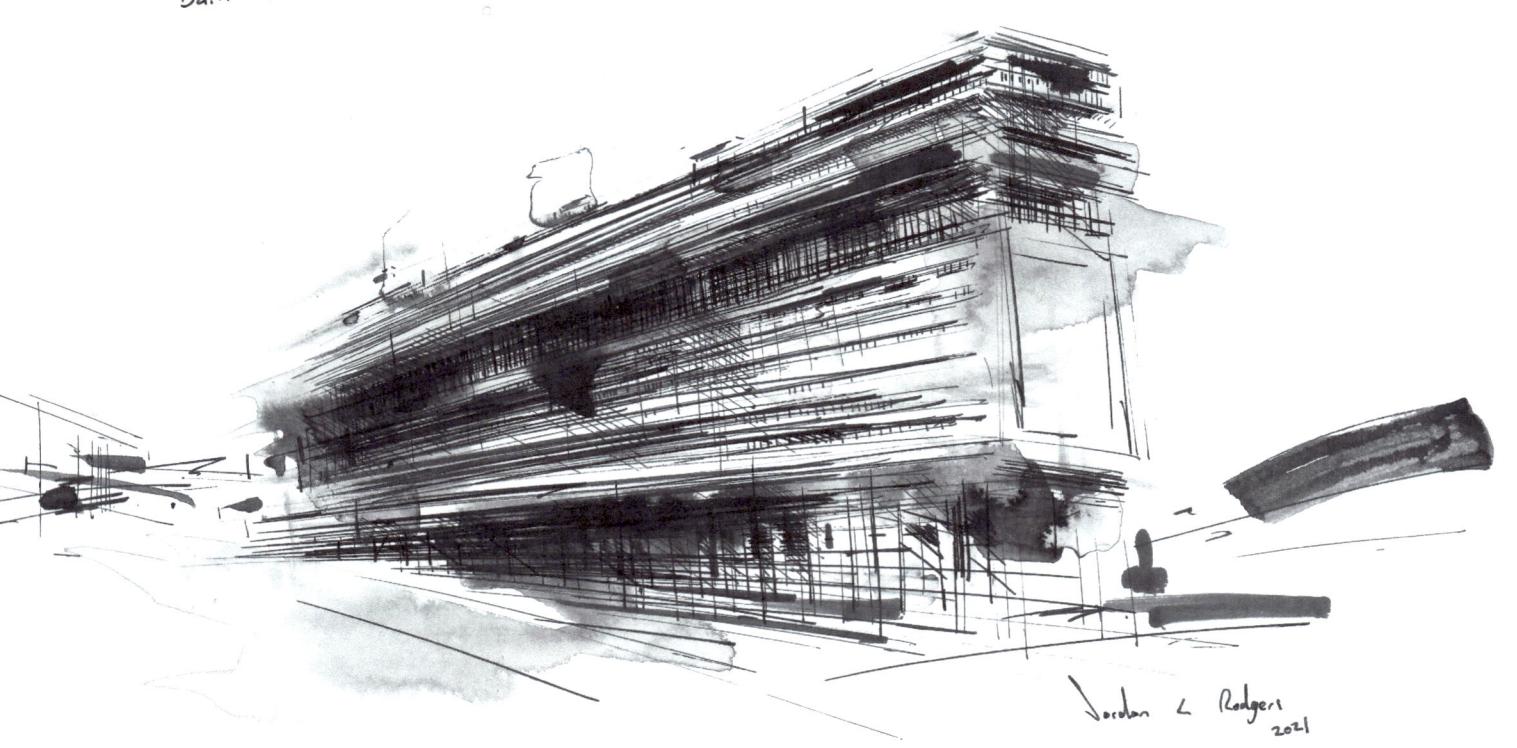

Residential building on Bolshaya Tulskaya Street

Aka House of Atomists or the 'Ship' Moscow, Russia.
Built 1970 – 1986.

Жилой дом на Большой Тульской улице, Москва, Россия
Также известен, как «Дом атомщиков» или «Дом-корабль».
Строительство: 1970-1986 гг.

Murmansk trolleybus Ziu – 682

With Hotel Arctic in the background.
Murmansk is a city in north western Russia.

Мурманский троллейбус ЗиУ-682

На заднем плане – отель «Арктика».
Мурманск – город на северо-западе России.

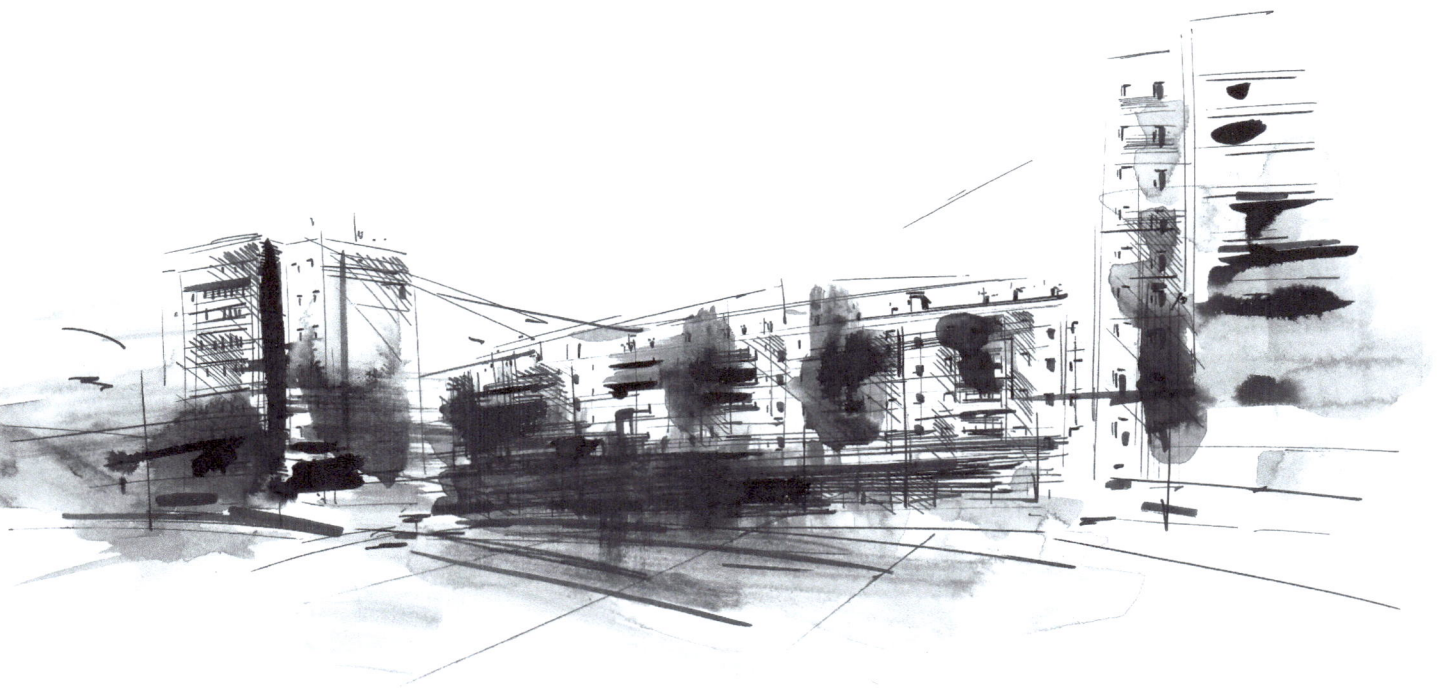

5 – floor Khrushchyovka in Novovoronezh, Russia
A residential building designed to be constructed on masses, in record time, at minimal cost.

5-этажная хрущевка в Нововоронеже, Россия
Жилой дом, построенный массово в рекордные сроки и с минимальными затратами.

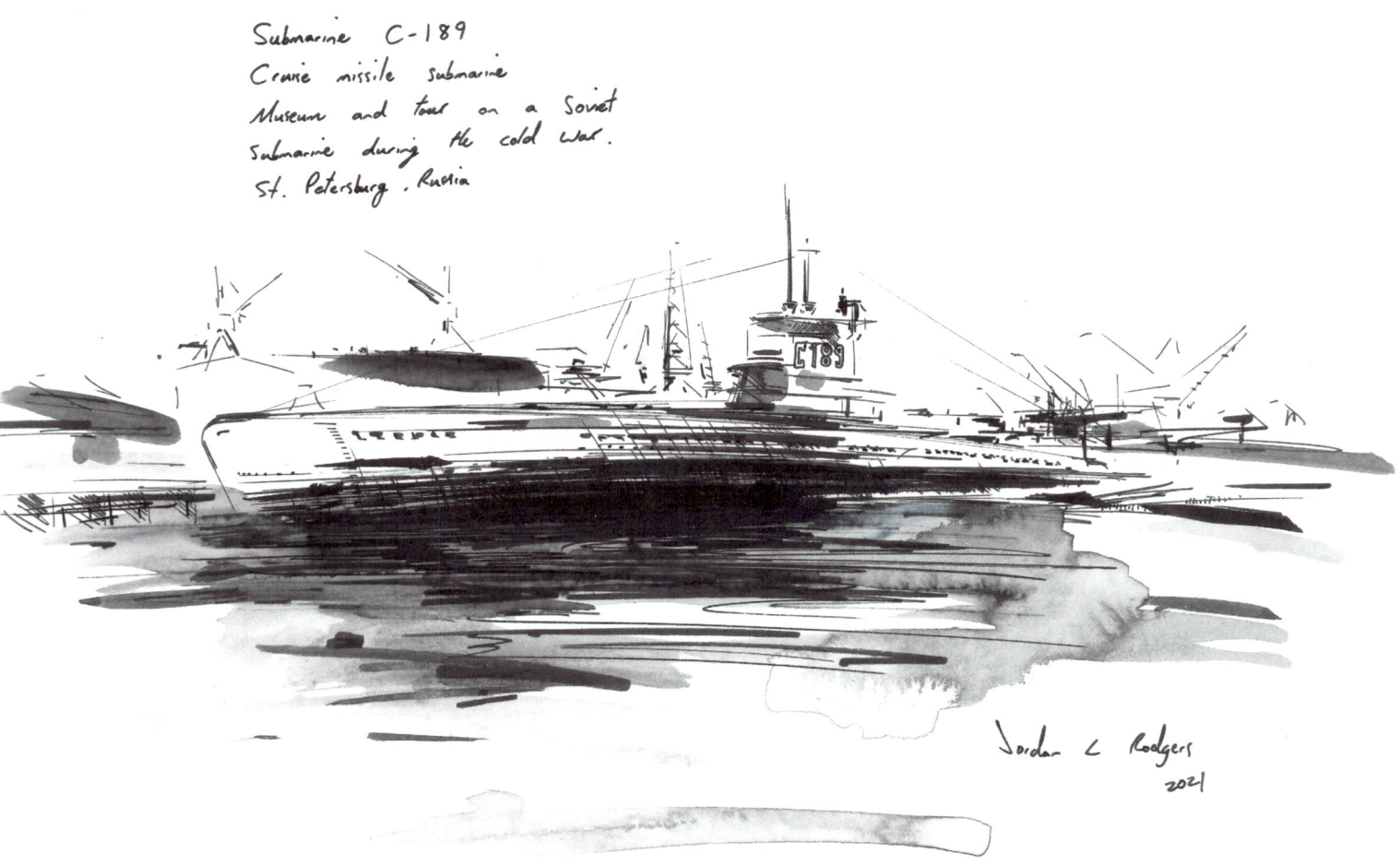

Submarine C – 189

Cruise missile submarine museum and tour on a Soviet submarine used during the cold war.
In St. Petersburg, Russia.

Музей подводная лодка C-189, Санкт-Петербург, Россия
Музей подводной лодки с крылатыми ракетами, использовавшейся в годы холодной войны.

International Book Publications
Publisher: Amazon and Blurb

Socialist Modernism Architecture Drawing: Russia Paperback – by Jordan L Rodgers, 2021
Language: English and Russian

Socialist Modernism Architecture Drawing: Eastern Bloc Paperback – by Jordan L Rodgers, 2021
Language: English and Polish

Śląsk węglem szkicowany Paperback – by Jordan L Rodgers, 2020
Language: English and Polish

Charcoal mining UK Paperback – by Jordan L Rodgers, 2020
Language: English

iPADRAWING: LIVERPOOL 2014 Paperback – by Jordan L Rodgers, 2014
Language: English

iPad Drawing: In A Modern Metropolis Paperback – by Jordan L Rodgers, 2012
Language: English

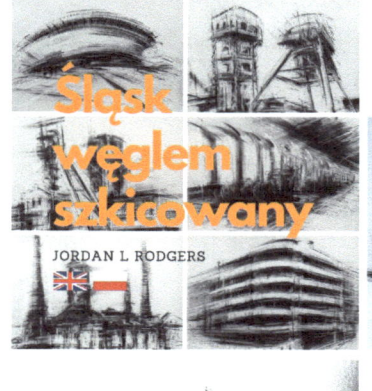
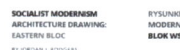
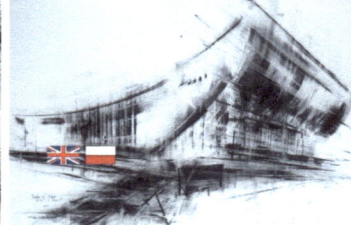
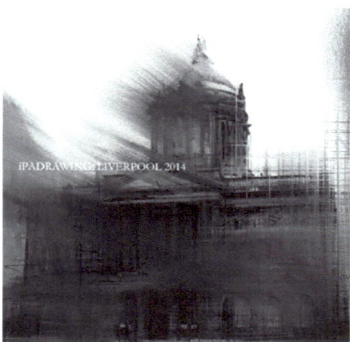
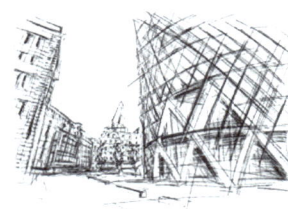

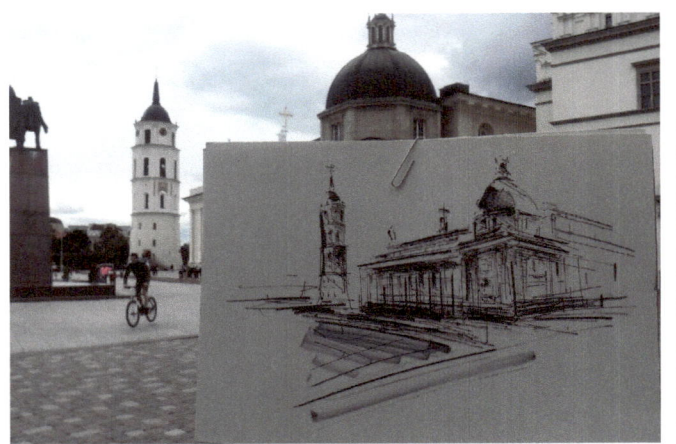
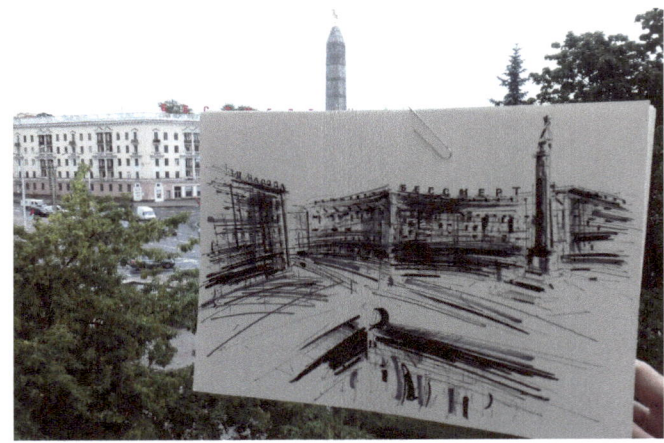
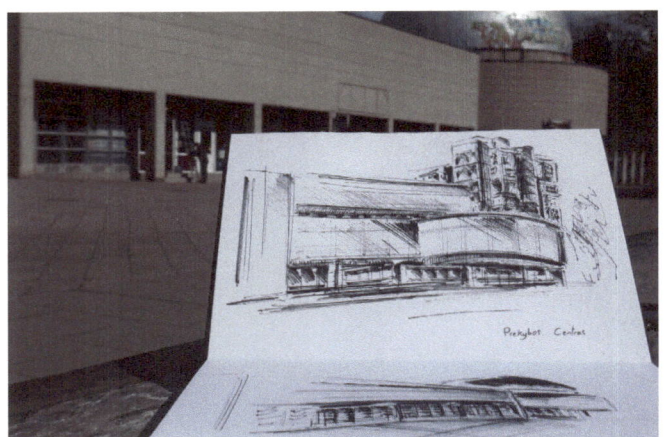
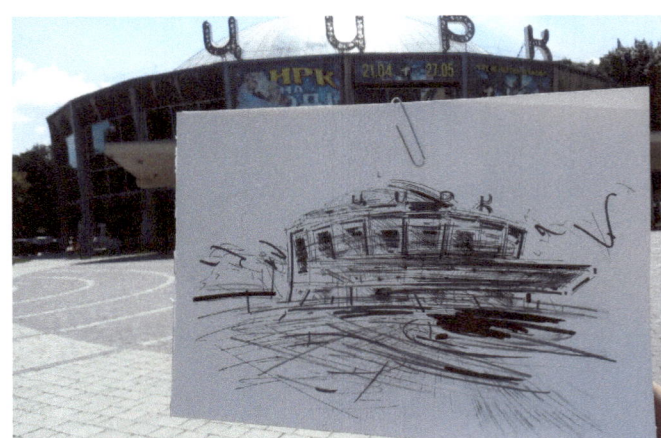
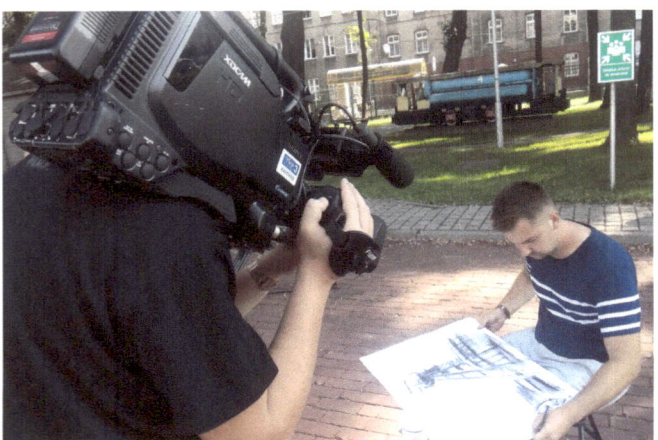
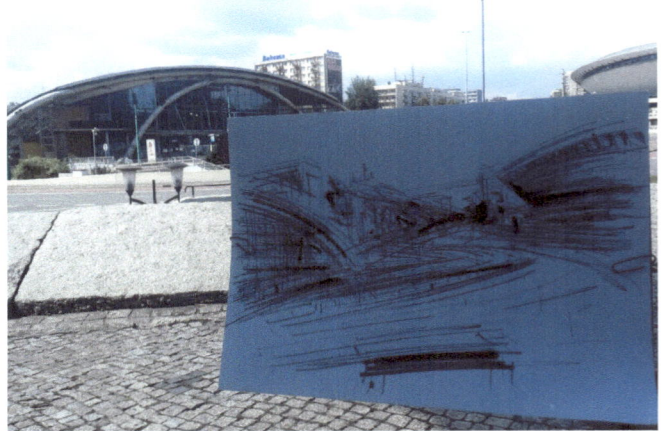

www.ingramcontent.com/pod-product-compliance
Lightning Source LLC
Chambersburg PA
CBHW051832210526
45473CB00005B/1845